Laurent Gaulet

OFFICIEL de l'HUMOUR 2025

100% INÉDIT

+ DE 1500 BLAGUES & 150 MÈMES

FIRST
ÉDITIONS

Les dragueurs

Un type s'approche d'une fille et lui demande :
– Ça va ? Tu n'as pas eu trop peur ? Tu n'es pas traumatisée depuis ?
– Traumatisée de quoi ?
– Quand il y a eu le feu dans ton berceau et que tes parents l'ont éteint à coups de pelle !

Une fille sort avec un garçon depuis peu de temps.
– J'aimerais bien que l'on aille un peu plus loin... lui dit le garçon.
– Tu sais, il faut prendre soin de moi, je suis un peu comme l'huile d'olive...
– T'es grasse ?
– Non, vierge, connard !

Un gars drague une fille en soirée :
– Tu ne serais pas la fille de Justin Bridou, toi ?
– Non, pourquoi ?
– Parce que t'as l'air d'une sacrée cochonne !

Devinettes

À quel endroit ne faut-il jamais arriver en retard ?
Aux toilettes !

Que signifie l'expression « le monde est petit » ?
« Putain, encore toi ! »

Quelle est la lecture préférée des obèses ?
Le menu !

Où conserve-t-on le plus d'argent ?
Dans nos souvenirs…

Pourquoi les couples qui ont des crédits ne se séparent-ils pas ?
Parce que l'amour est dans le prêt.

Quand l'expression « un de perdu, dix de retrouvés » se vérifie-t-elle toujours ?
Lorsqu'il s'agit des kilos !

Pourquoi la drogue est-elle interdite en prison ?
Parce que ça brûle les cellules grises !

Quel est le plus petit paradis du monde ?
C'est le soutien-gorge, car il n'a que deux saints…

Pourquoi la vie est-elle une chose magique ?
Parce qu'à la fin, on disparaît !

Comment rendre les semaines moins fatigantes ?
En les faisant plus courtes que les week-ends !

Quels sont les deux types de personnes qui dépensent de l'argent ?
Les riches et les irresponsables…

Parents épuisés

– Un petit garçon rapporte à sa maman :
– Je crois que ma sœur, elle fume !
– Oh ! Dis-moi, tu l'as vue fumer ?
– Non, mais j'ai vu un message de son petit copain sur son portable !
– Et que disait ce message ?
– Il a écrit : « Merci pour la pipe ! »

Quel point commun y a-t-il entre être parent et BFM TV ?
Tu répètes les mêmes choses en boucle !

Une femme à sa collègue de bureau :
– Vous partez en vacances cette année ?
– Oui, et on a même acheté un coffre de toit !
– Vous emportez tant d'affaires que ça ?
– Non, mais c'est hyper pratique, on n'entend pas du tout les enfants !

Une jeune maman se confie à une copine :
– Mon fils est hyper difficile ! Par exemple, il ne mange pas de poisson, il en a horreur ! Par quoi pourrais-je le remplacer ?
– Un chat. Les chats adorent le poisson !

Un jeune homme rentre chez lui et annonce fièrement à ses parents :
– Ça y est, je suis convoqué à ma première audition !
– *Nouvelle Star* ? dit la mère.
– *The Voice* ? demande le père.
– Non, au commissariat ! répond le fils.

Les jeunes qui veulent une planète propre… Ils ne pourraient pas commencer par leur chambre ?

Excédée par son adolescente de fille, une mère de famille est à bout…
– Si je ne me retenais pas, je te flanquerais une gifle !
– Ha, ha ha !
– Ça te fait marrer ? On voit bien que tu ne sais pas ce que c'est que de recevoir une gifle !
– Bah si, c'est la même chose qu'une bifle, mais avec la main…

Blagues coquines

Un type à un copain :
– Tu sais pourquoi je suis gros ?
– Non ?
– Parce qu'à chaque fois que je nique avec ta femme, elle me donne du gâteau !

Une femme dont le mari vient de décéder reçoit la visite d'un voisin qui lui avoue :
– Je vous ai toujours désirée, j'ai très envie de vous…
– Mais je reviens du cimetière, je viens d'enterrer mon mari !
– Bien sûr, je comprends ! J'attendrai que vous ayez quitté vos vêtements de veuve.
– Oui, merci. On n'est pas à cinq minutes près !

Un type défie Superman au bras de fer et le bat facilement. Superman est très étonné…
– C'est la première fois que je perds ! Quel sport fais-tu pour avoir un bras aussi fort ?
– Aucun. Je suis célibataire depuis quarante ans…

Dans un bar, un homme repère une fille seule à une table. Il s'approche d'elle et lui demande gentiment :
– Je peux vous offrir un verre ?
La fille se met à gueuler :
– Quoi ! Espèce de cochon !
– Vous m'avez mal compris, je vous propose juste un verre !
– Je ne suis pas une pute ! Vicieux ! Pervers !
Tous les clients se tournent vers le type mort de honte… Mais un peu plus tard dans la soirée, la fille vient le voir…
– Je suis désolée pour tout à l'heure, j'étais un peu sur les nerfs… Et je veux bien accepter le verre que vous me proposiez !
Et le type se met à hurler :
– Quoi !!! 50 euros la pipe !

—

Quelle différence y a-t-il entre un clitoris et un chewing-gum ?
Le goût !

—

Un homme homosexuel en rencontre un autre…
– Alors, comment vont les amours en ce moment ?
– C'est génial ! Je n'ai même plus le temps de péter !

—

C'est la crise !

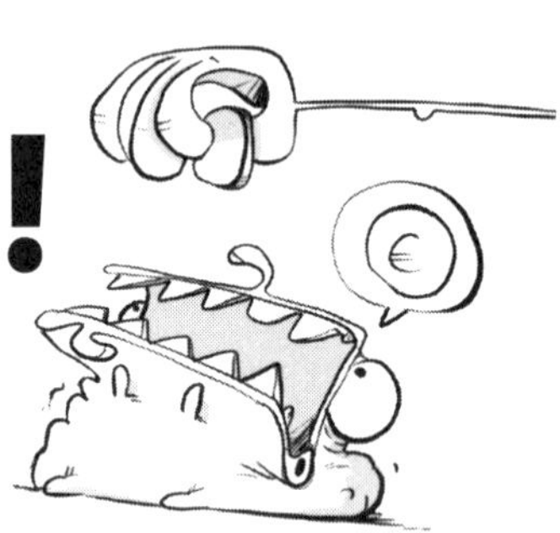

Le dirigeant nord-coréen Kim Jong-Un passe une troupe de militaires en revue. Soudain, l'un d'eux éternue… Kim Jong-Un se retourne et hurle :

– Qui a éternué ?!

Personne ne répond. Silence de mort, tous les militaires restent de marbre… Kim Jong-Un ordonne alors :

– Que tous les soldats du premier rang soient fusillés !

Et tous les soldats du premier sont fusillés sur place…

– Qui a éternué ? redemande Kim Jong-Un. Personne ? Que tous les soldats du deuxième rang soient écartelés !

Et les soldats du deuxième rang sont emmenés pour être écartelés.

– Qui a éternué ?

Toujours pas de réponse…

– Que tous les soldats du troisième rang soient décapités et que leurs restes soient donnés aux chiens ! Qui a éternué ?

Une petite voix se lève enfin du sixième rang et dit :

– Moi…

– C'est vous qui avez éternué ?

– Oui, votre excellence…

– À vos souhaits !

Pourquoi Jean-Luc Mélenchon a-t-il le dos qui pue ?
Parce qu'il pète plus haut que son cul !

Vladimir Poutine se lève de bon matin et demande au soleil :
– Qui est le plus puissant de tous les présidents ?
– C'est toi, Vladimir Poutine !
– Quel est le plus beau pays ?
– Sans nul doute, c'est la grande Russie !
Le soir, juste avant de se coucher, Poutine interroge de nouveau le soleil :
– Qui est le plus puissant de tous les présidents ?
– C'est le président américain !
– Comment ça ? Et quel est le plus beau pays ?
– Ce sont les États-Unis d'Amérique !
– Sale traître ! Ce matin encore, tu disais que c'était moi et la Russie !
– Oui, mais maintenant… je suis passé à l'ouest !

Pourquoi Vladimir Poutine ne joue-t-il plus aux quilles ?
Parce qu'il a perdu la boule !

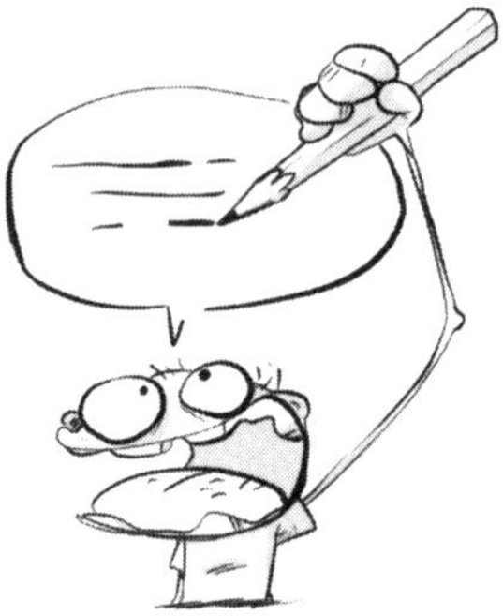

Mèmes que c'est drôle

PETITES ANNONCES

- Vend lavabo blanc et toilettes propres.

- Vend fumier (cheval décomposé).

PETITES ANNONCES

- Voyante cherche homme qui lui ferait perdre la boule.

- Sourd rencontrerait sourde pour une entente parfaite.

Les plus courtes sont les meilleures

– Pfff… Bientôt l'été et je crains de ne plus rentrer dans mes affaires de l'année dernière, confie une femme à une amie.
– Moi, je n'ai pas ce problème, j'ai des affaires d'été que je peux remettre tous les ans !
– Sans blague !
– Oui, mes tongs !

———

Une femme dont le chien s'appelle Messin souhaite prendre le bus. Avant de monter, elle demande au chauffeur :
– Est-ce que je peux monter avec Messin ?
– Bah oui ! Je suis bien monté avec mes couilles !

———

À la terrasse d'un café :
– Un Coca, s'il vous plaît.
– Un Pepsi, ça ira ?
– Un billet de Monopoly, ça ira ?

———

Une fille voit son ex par hasard dans la rue...
– Tiens, c'est marrant de te recroiser ici, sur le trottoir !
– Oui. À propos de trottoir, comment va ta mère ?

– Qu'est-ce que je pourrais faire pour attirer les filles dans mon lit ? demande un mec à un copain.
– Faire ton lit en portefeuille...

Petite annonce
Vend encyclopédie. Cause : double emploi (ma femme sait tout...).

– Ma douce Lise, tu permets que je te bise ?
– Je m'appelle Thérèse...

Une femme tout heureuse annonce à son mari :
– Chéri, je suis enceinte ! Qu'est-ce que tu voudrais que ce soit ?
– Une blague !

Trop blondes

Le patron d'un bar convoque une serveuse blonde qu'il vient à peine de recruter :
– Ça fait une heure que vous êtes là et j'ai déjà des plaintes de la part de clients !
– Ah bon ? Mais pourquoi ?
– Lorsque je vous ai dit qu'il fallait mettre le pouce dans le cul pour tenir une bouteille de champagne, je parlais de celui de la bouteille !

Une blonde conduit avec son mari assis à sa droite. Soudain, il se met à hurler :
– Freine ! Freine ! Freine !!!
Mais la voiture percute un arbre... La conductrice et son passager sont indemnes. Le mari demande alors à sa femme :
– Mais qu'est-ce que tu as fait ? Je t'ai prévenue !
– Prévenue de quoi ? C'est pas un frêne, c'est un platane !

Une directrice d'école à une maman blonde :
– Vous souhaiteriez inscrire votre fille pour la prochaine rentrée, c'est bien ça ?
– Oui.
– Vous savez donc que nous sommes une école laïque…
– D'accord, pas de problème… Et donc, c'est quoi votre compte Facebook, pour que je le like ?

Si on demande à une blonde à quoi elle pense… est-ce lui faire un compliment ?

Une blonde se confie à une copine :
– Depuis quinze jours que nous avons notre piscine, j'apprends à plonger !
– Et tu progresses ?
– Pas trop, mais dès que je n'aurai plus mal à la tête, je mettrai de l'eau dedans !

Une blonde fait ses courses avec une amie :
– Aide-moi à trouver un shampoing aux œufs, un au beurre de karité et un autre au miel, lui demande-t-elle.
– Tu as vraiment besoin de tous ces shampooings ? lui demande son amie.
– Oui, c'est pour faire un gâteau !

Drôles d'animaux

Quelle différence y a-t-il entre un chien et un chat ?

Le premier a un maître, le second, du personnel…

Une jeune poule dit à une vieille poule :

– Mes œufs sont plus gros que les tiens ! Au marché, ils se vendent cinquante centimes de plus que les tiens !

– Et alors ? Tu crois pas que je vais me casser le cul pour cinquante centimes ?

– Est-ce que tu m'aimes ? demande une mouche à une autre mouche.

– Oui, beaucoup.

– Beaucoup comment ?

– Je t'aime plus que la merde !

Comment apprendre à un chat à prononcer son nom ?
En l'appelant Miaou.

Un type se rend dans une animalerie pour y acheter un perroquet. Le vendeur l'informe que le perroquet est gay et qu'il ne peut le céder que s'il achète aussi son compagnon : un hibou... Quelques jours plus tard, l'homme revient se plaindre de ses acquisitions :
– Je voudrais échanger le hibou et le perroquet gays que je vous ai achetés !
– Vous n'êtes pas satisfait ?
– Non, pas du tout ! Le hibou passe ses nuits à faire « Houuuu ! Houuuuu ! » et le perroquet à lui répondre « Dans l'cul ! Dans l'cul ! » !

Un couple de corbeaux scrute le ciel :
– T'as vu ? dit le premier à l'autre.
– Oui, nous sommes au mois de novembre et il fait en corbeau.

Quel genre d'humour les dindes détestent-elles ?
Les farces.

Drôles de couples

Une épouse à son mari :
– Ta mère m'a dit que, quand tu étais jeune, tu étais très chiant !
– Ah bon ? Peut-être, mais maintenant…
– Tu es resté très jeune…

Pendant l'acte d'amour, une femme demande à son amant :
– Vas-y, dis-moi des mots cochons !
– Lard, couenne, groin…

Un homme à sa femme :
– Non, mais tu te rends compte le nombre de conneries que tu peux dire dans une journée ? Comment fais-tu ?
– Je me lève tôt !

Un couple se dispute. Le gars tente d'apaiser la situation :
– Bon. Si on reprenait tout à zéro ?
– À zéro depuis quand ?
– Depuis notre rencontre.
– O.K…
– Salut, moi c'est Fabrice !
– Désolée, je ne parle pas aux inconnus !

———

– Dès le jour de mon mariage, j'aurais dû me douter que je faisais une erreur, se plaint un homme à un copain.
– Ah bon ? Pourtant, vous vous êtes dit « oui » ?
– Oui, mais quand le maire a dit « Vous pouvez embrasser la mariée », ma femme a répondu : « Pas maintenant, j'ai mal à la tête ! »

———

Un couple s'est disputé, l'homme tente une réconciliation…
– Tu es fâchée, mon amour ?
– Va anagramme de chéri !
– « Va anagramme de chéri » ?
– Va chier !!!

———

Les questions  cons

Une actrice porno qui tombe enceinte durant son travail… part-elle en congé maternité ou est-ce un accident de travail ?

———

Comment savoir quand on n’a plus d’encre invisible ?

———

Quand il fait trop chaud, peut-on se raconter des histoires qui font froid dans le dos ?

———

Si la foudre tombe sur une voiture électrique, ça fait le plein ?

———

Une girafe peut-elle sentir l’odeur de son pet ?

———

Une vieille carte mère est-elle une carte grand-mère ?

———

La « prison à vie », quand t'es très vieux, est-ce dissuasif ?

Quand on a le nez bouché, pourquoi coule-t-il ?

Puisque nous sommes de la viande, comment les vegans peuvent-ils faire l'amour et avoir envie l'un de l'autre ?

Peut-on faire un régime sans faim ?

En voiture, pourquoi est-ce toujours au moment où l'on arrive que la radio passe notre chanson préférée ?

Les balles antistress, au lieu de les serrer, ne seraient-elles pas plus efficaces si on les balançait à la gueule des gens qui nous emmerdent ?

À Noël, pourquoi s'offre-t-on des cadeaux alors que c'est l'anniversaire de Jésus ?

Humour noir

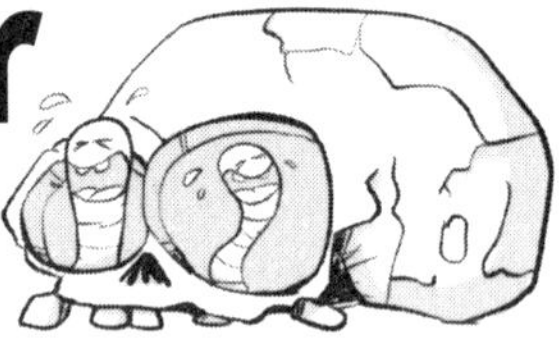

Avez-vous une dernière volonté ? demande le bourreau à l'homme qu'il s'apprête à exécuter sur la chaise électrique.
– Oui, que l'on se tienne tous la main !

Une femme rend visite à sa voisine :
– Comment allez-vous ?
– Bien, merci.
– Je m'inquiétais, je ne vois plus votre mari…
– Il est dans le jardin !
– Ah bon ? Je suis passée devant, je ne l'ai pas vu.
– Il faut creuser un peu…

Un SDF interpelle une femme dans la rue :
– S'il vous plaît, madame ! Vous n'avez pas une pièce pour manger ?
– Bien sûr que j'en ai une ! C'est ma salle à manger !

Lors d'une réception, la maîtresse de maison accueille une invitée...
– Bonsoir ! Vous êtes venue seule, vous époux n'a pas pu se libérer ?
– Non, il était trop cuit.
– Ah... Trop de travail certainement.
– Non, l'incinérateur !

Pourquoi Pierre Palmade ne pourrait-il pas être condamné à la chaise électrique ?
Parce que c'est un mauvais conducteur...

– Mon mari est un ange ! confie une femme à une blonde.
– Oh, c'est pas de chance... Le mien est encore vivant.

– Tu as déjà fait un don de sang ? demande une femme à l'homme qu'elle fréquente depuis peu.
– Oui, une fois. Mais je ne recommencerai plus jamais !
– Ah bon, pourquoi ?
– Ils m'ont harcelé de questions à la con ! Comment avez-vous pris ce sang ? C'est celui de qui ? Pourquoi est-il dans un seau... ?

Blagues coquines

Un homme a invité une fille au restaurant. Il lui fait la lecture du menu :

– Alors, tu peux prendre une viande rouge, ou une viande blanche, ou du poisson…

– Où t'habites ?

– Aussi, si tu veux.

———

Une fille raconte à une copine son rendez-vous de la veille avec son nouveau mec :

– C'était trop bien ! Il n'a pas arrêté de m'embrasser, j'en ai encore mal aux lèvres !

– Ah, tu as du mal à parler ?

– Non, à marcher !

———

Quel point commun y a-t-il entre un pénis et un cerf-volant ?

Ce n'est pas la taille qui compte, mais le temps qu'ils restent en l'air !

———

Je suis sortie avec un mec, il m’avait promis une nuit blanche… Il n’a pas menti, je n’ai pas fermé l’œil de la nuit ! avoue une femme à une copine.

– Raconte !

– Il n’a pas cessé de ronfler…

Comment être prévenu de l’arrivée du mari de votre maîtresse ?

Garez-vous sur sa place de parking en laissant votre numéro de téléphone sur le pare-brise…

– Chéri, je suis en enceinte, annonce une femme à son mari.

– Comment est-ce possible, je fais toujours attention ?

– Oui, je sais, mais c’est comme sur la route : toi, tu fais attention, mais les autres…

Quel point commun y a-t-il entre les bonnes résolutions et l’éjaculation précoce ?

Ça part d’une intention de bien faire, mais ça ne tient pas longtemps.

Mèmes que c'est drôle

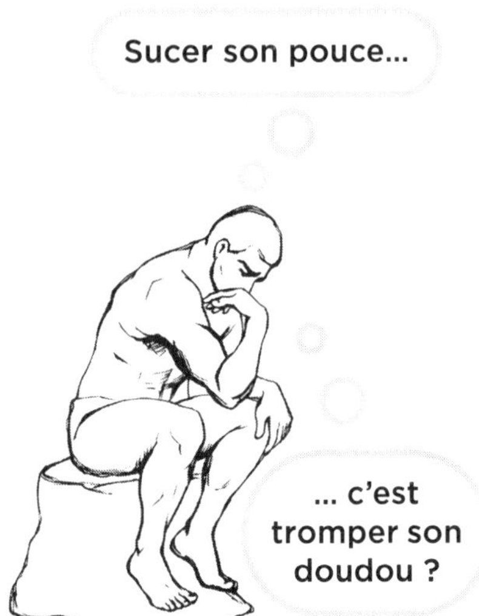

En un clic,
je peux trouver
une autre femme !

Eh bien, en une claque,
je peux divorcer !

PETITES ANNONCES

• Vend grand aquarium + poissons de très bon goût.

• Donne portée de quatre chiotes.

Je ne peux pas affirmer à quoi sont dues vos douleurs au foie... Peut-être est-ce l'alcool...

Bien, docteur. Dans ce cas, je repasserai vous voir quand vous aurez dessaoulé.

Vous blanchissez un peu...

Oui, je ne m'expose pas au soleil.

Qu'est-ce qu'un rat coupé en deux ?

Un raccourci.

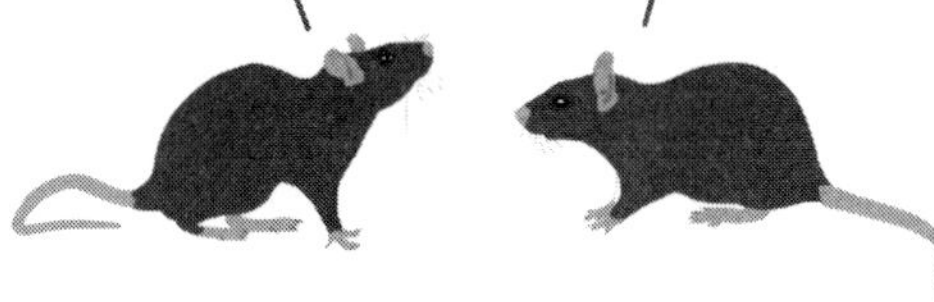

La ronde des métiers

Informaticien

Un homme téléphone à son assistance informatique :
– Bonjour, je voudrais savoir comment effacer l'hystérique de mon ordinateur, s'il vous plaît…
– Vous voulez dire l'historique ?
– Non, juste les photos de mon ex-femme !

Notaire

Mohamed vient d'acheter une maison à côté de celle d'un notaire. Il rend visite à ce dernier pour se présenter :
– Bonjour, je suis votre nouveau voisin !
– Bonjour, monsieur…
– Ma maison, elle vaut deux fois plus cher que la vôtre ! lui annonce-t-il.
– Ce n'est pas possible, nous avons exactement la même maison ! s'étonne le notaire.
– Si ! Parce que moi, j'habite à côté d'un notaire, et vous, à côté d'un arabe…

Sauveteur

Un immeuble de Bruxelles vient de s'effondrer. Dans les décombres, les sauveteurs tentent désespérément de retrouver des survivants. Soudain, l'un d'eux semble percevoir une voix... Il demande le silence complet autour de lui, puis appelle :

– Il y a quelqu'un ?

– Oui... fait une petite voix sous l'amas de gravats.

Le sauveteur se faufile sous un bloc de béton et demande :

– Où êtes-vous ?

– Sixième étage, porte de droite !

Ouvrier

Un Corse qui travaille sur un chantier va se plaindre auprès de son chef :

– Chef ! Ça fait quinze jours que je suis là et je n'ai toujours pas d'outils ! Je ne peux pas travailler sans outils !

– Ah bon ?

– Bah non ! Tout le monde à une pioche, une pelle ou bien une brouette ! Et moi, je n'ai rien pour me reposer dessus !

Blagues à papa

Pourquoi peut-on plier un iPhone 15 ?
Parce que l'Apple Store !

—

Qui a inventé le « ice bucket challenge » ?
Le capitaine du *Titanic*…

—

Quel est le comble pour celui qui passe un diplôme de gynécologie ?
C'est de le rater à un poil près…

—

À quoi servent les lampes à LED ?
À attirer les moches.

—

Que vaut un dirham ?
Dix pagaies !

—

C'est l'histoire d'un aveugle qui entre dans un bar, puis dans une chaise, puis dans un client, puis dans une table…

Quelle école faut-il faire pour devenir vulcanologue ?
L'Etna.

Que dit un rouleau de papier toilette déguisé en Dark Vador ?
« J'essuie ton père ! »

Qu'est-ce qu'un nain à la bite molle ?
Un nain puissant.

Comment s'appelait le capitaine Crochet avant ?
Le capitaine Main.

De quoi souffrent ceux qui sont trop gentils et qui se font bouffer par les autres ?
Du syndrome du sandwich aux gens bons.

On ne dit pas

On ne dit pas « les fougères », mais on dit : « Les malades mentaux s'en occupent. »

———

On ne dit pas « un aigle », mais on dit « un oiseau de couleur ».

———

On ne dit pas « des raviolis », mais on dit « épanouis au plumard ».

———

On ne dit pas « une bavure », mais on dit « une éjaculation précoce ».

———

On ne dit pas « J'ai eu vent de l'affaire », mais on dit : « Il m'a pété dans l'oreille. »

———

On ne dit pas « ironique », mais on dit : « Il refait l'amour. »

On ne dit pas « festif », mais on dit « poil de cul ».

On ne dit pas « un homme hors pair », mais on dit « un eunuque ».

On ne dit pas « Je suis très sain », mais on dit : « J'adore les gros nichons ! »

On ne dit pas « un corps de ballet », mais on dit « un manche ».

On ne dit pas « Il a roulé sa bosse », mais on dit : « Il a truandé sa patronne. »

On ne dit pas « une saucisse de porc », mais on dit « la bite de PPDA ».

Trop blondes

Un gendarme effectue un contrôle de véhicule :
– Vous avez les pneus lisses ! déclare-t-il à l'automobiliste blonde.
– Oui, je sais.
– Cela va vous coûter 135 euros.
– Dans ce cas, changez-les, mon garagiste m'en demande 200 euros !

Pourquoi les blondes ne montent-elles jamais sur une balance ?
Parce qu'il est écrit « pèse-personne » !

Une blonde souffle dans un alcootest…
– Le test est positif, vous savez ce que ça veut dire ? lui dit le gendarme.
– Je vais être maman ?

Une fille rend visite à une copine blonde :
– Tu déménages ou quoi ? C'est quoi, tous ces cartons ?
– Ce sont des vieux vêtements que je vais donner.
– Ah… Tu ne veux pas les garder ?
– Non, mon portable m'a dit qu'il fallait que je libère de l'espace !

Un gars sonne à l'interphone de sa petite amie blonde…
– C'est moi, je suis en bas !
– O.K., moi j'ai mis des collants !

Quel point commun y a-t-il en une blonde et un calendrier de l'avent ?
Tous les jours, on découvre qu'il lui manque une case…

Une blonde confie suivre un régime à sa meilleure amie.
– Quel est ce régime ? lui demande cette dernière.
– Je me restreins sur ce que je mange. Par exemple, avant, quand j'achetais une pizza, je la coupais en huit pour la manger !
– Et maintenant ?
– Je la coupe en trois.

Blagues à Toto

– Vous me prenez pour un frigo ou quoi ? reproche Toto à ses parents.
– Un frigo ? Mais pourquoi dis-tu cela ? lui demandent-ils.
– Parce que toutes les dix minutes, vous ouvrez la porte de ma chambre, vous me regardez fixement, et puis vous repartez !

La maîtresse interroge Toto :
– Peux-tu me citer le nom d'un grand navigateur ?
– Oui, Google Chrome !

La maîtresse interroge Toto :
– Par quelle lettre commence « hier » ?
– Par un « D », madame !
– Par un « D » ? Tu en es certain ?
– Ben… oui, hier, on était dimanche !

La maîtresse demande Toto :
– Qu'est-ce qu'une voyelle ?
Et il répond :
– La femme du voyou !

Toto rédige sa lettre au père Noël…
– Mais enfin, Toto ! s'exclame sa mère, nous sommes au mois d'avril, ce n'est pas encore Noël !
– Oui, je sais, mais je vais lui écrire tous les mois, je ne voudrais pas qu'il pense que je ne lui écris que pour les cadeaux !

Toto à sa maman :
– Je trouve que Papi est moins sourd qu'avant !
– Qu'est-ce qui te fait dire ça ?
– Eh bien, quand la foudre est tombée dans le jardin, il a dit : « Entrez ! »

La maîtresse demande :
– Qui peut me dire où se trouve Bordeaux ?
– Dans la cave de mon père, maîtresse ! répond Toto.

Nos chers collègues

– Sais-tu où se trouve François ? demande un fonctionnaire à son collègue de bureau.
– Tu veux dire l'agent 007 ?
– C'est comme ça que vous l'appelez ?
– Oui ! 0 motivation, 0 compétence, 7 pauses-café.

Une femme raconte à sa collègue :
– La femme du patron m'a dit que si elle chopait celui qui lui a volé une culotte étendue dans son jardin, elle le tuerait à coups de fourchette !
– Ha, ha ! et ensuite ?
– J'ai tellement eu peur que j'ai pissé dans sa culotte…

Quelle est la meilleure solution pour ne pas aller travailler ?
En jouant au Loto, vous avez une chance sur plusieurs millions. En attrapant la gastro, 100 % de chances…

Une femme entre dans le bureau du chef du personnel et lui fait une déclaration :
– J'aimerais sortir avec vous !
– Bien. Envoyez-moi une lettre de motivation.

———

Un chef de bureau gronde un employé :
– Vous avez fait quoi, aujourd'hui ?
– Ben... j'ai bossé, chef !
– Vous en êtes certain ?
– Bah oui, la preuve, il me reste encore 45 % de batterie sur mon portable !

———

– Tu as le sourire aujourd'hui ! dit une femme à sa collègue de bureau.
– Oui, j'ai suivi ton conseil, je me concentre sur les choses positives !
– Ah ! Tu vois, ça marche !
– Oui, mon mari m'a dit que j'étais super !
– C'est gentil...
– Oui. Enfin, c'était « T'es super chiante », mais je me concentre sur les choses positives...

———

Perles des assurances

« J'ai eu une crampe. Impossible de la tirer, alors je lui suis rentré dedans. »

———

« Je rechargeais la batterie de mon véhicule et je me suis pris une démarche électrique. Je suis un excellent conducteur et… »

———

« Ses phares m'ont aveuglé comme une soucoupe volante. »

———

« Je l'aurais vu, mais il ne m'a pas laissé le temps de le voir. »

———

« C'était trop tard pour que je m'arrête, alors j'ai pas freiné. »

———

« Les pompiers ont tout inondé avec leur trompe. »

« On me reproche de ne pas avoir mes codes ? Sachez que les codes, je les ai depuis longtemps, sinon je n'aurais pas eu le permis ! »

« Il y a eu environ deux morts. »

« Je n'ai pas pu voir l'accident, car j'ai fermé les yeux à ce moment-là. Je peux juste dire avant et après. »

« C'était horrible à voir. Il y en avait partout. Les voitures étaient en mille morceaux. »

« Je vous envoie le constat d'assurance. Comme vous pouvez le constater, j'ai mis une fausse signature et un faux numéro de plaque pour arranger nos affaires. J'espère que vous me remercierez avec une réduction sur mon assurance. »

Hommes et femmes en blanc

Un homme dont le testicule gauche est enflammé cherche dans les pages jaunes le numéro de téléphone d'un urologue. En composant le numéro, il se trompe et appelle un avocat… Ce dernier lui répond :

– Bonjour, monsieur. Que puis-je pour vous ?

– Je vous appelle parce que j'ai le testicule gauche enflammé…

– Vous faites erreur, répond l'avocat, ma spécialité, c'est le droit !

– Oh, pardonnez-moi ! Vous ne pourriez pas me conseiller un confrère qui s'occupe du gauche ?

Une femme qui souffre d'Alzheimer se rend chez son médecin, qui souhaite lui annoncer la mauvaise nouvelle avec beaucoup de tact :

– Alors, docteur, qu'est-ce que j'ai ?

– Vous connaissez la différence entre vous et mon ordinateur ?

– Non…

– Eh bien, mon ordinateur, il ne perd pas la mémoire !

Une femme demande au pharmacien :
– Je voudrais de l'arsenic, s'il vous plaît !
– De l'arsenic ! Et pour quoi faire ?
– C'est pour tuer mon mari et sa maîtresse !
– Mais, madame, je ne peux pas vous aider à commettre un meurtre !
La femme sort alors une photo de son mari en train de faire l'amour à la femme du pharmacien… Ce dernier regarde la photo et dit :
– Mais comme je vois que vous avez une ordonnance…

Deux femmes parlent de leurs gynécos respectifs :
– Le mien est jeune, beau… Je ne comprends toujours pas pourquoi tu t'obstines à aller voir ton vieux gynécologue !
– Parce qu'il a les mains qui tremblent…

Un muet se rend dans une pharmacie pour y acheter des préservatifs. Le pharmacien ne comprenant pas la langue des signes, le muet pose 10 euros sur le comptoir, puis sort son sexe qu'il montre au pharmacien. Ce dernier pose alors lui aussi 10 euros sur le comptoir, sort son sexe, puis récupère les 20 euros et lance au muet :
– J'ai gagné, c'est moi qui ai la plus grosse !

Atroces et bien dégueues

Comment faire en sorte que l'être aimé vous aime en retour alors qu'il vous déteste ?
Enfermez-le dans une cave et attendez qu'il développe le syndrome de Stockholm !

Hitler visite un camp de concentration et remarque une jolie petite fille…
– Quel âge as-tu ? lui demande-t-il.
– J'aurai 8 ans dans quelques mois, monsieur !
– Je te trouve très optimiste !

Une femme rentre chez elle et annonce à son mari :
– Aujourd'hui, j'ai pris un enfant sous mon aile !
– C'est bien, je suis fier de toi. J'espère que tu l'es aussi ?
– Non, pas tant que ça… Mais l'essentiel, c'est que la bagnole n'ait rien !

Un couple passe des vacances à la campagne et va de chambre d'hôtes en chambre d'hôtes. Dans une ferme, au petit matin, l'homme tient à complimenter le paysan :
– Nous avons passé une merveilleuse nuit ! Les précédents hôtes chez qui nous avons dormi étaient envahis de mouches, c'était insupportable ! Comment faites-vous pour vous en débarrasser ?
– Ah bah ça, c'est parce qu'on ne change pas la couche du pépé ! Les mouches, elles vont toutes sur lui !
– Mais… il ne rien dit rien votre pépé ?
– Ah ça non, il est paralysé !

Qu'est-ce qui est noir, blanc, noir, blanc, puis noir, rouge, noir, rouge et enfin rouge, rouge, rouge ?
Une bonne sœur qui tombe dans les escaliers avec un couteau à la main.

Où a-t-on le plus de chances de trouver un tétraplégique ?
À l'endroit où on l'a laissé…

Idées à la con pour redresser la France

Impôts

Instauration d'un impôt sur le revenu libre et forfaitaire. Chaque citoyen déciderait de l'impôt qu'il souhaite verser en fonction des services dont il souhaite bénéficier.

Par exemple, 10 euros par an pour deux heures d'enseignement pour ses enfants + une visite chez le docteur, 50 euros par an pour douze heures d'enseignement pour ses enfants + six visites chez le docteur + une entrée « FastPass » pour visiter les jardins de l'Élysée lors de la journée du Patrimoine.

Éducation

Réformer le système d'évaluation, en terminer avec l'évaluation positive, les smileys, les codes couleur, l'auto-évaluation… Retour à une notation sur 20 dès la maternelle, avec la possibilité d'octroyer des notes négatives aux élèves. La note minimale sur 20 serait de -10.

Vivre-ensemble & aménagement du territoire
Accorder aux Bretons, aux Basques et aux Corses qui le désirent leur autonomie. Les indépendants pourraient continuer à vivre sur leur territoire et devraient le partager avec la partie de la population ayant choisi de demeurer française. Ils cesseraient cependant de bénéficier des services et aides de l'État français.

Économies d'énergie
Suppression des feux clignotants sur les voitures. L'automobiliste devra tendre son bras par sa vitre pour tourner à gauche et son passager en faire de même pour tourner à droite. Cette mesure contraindra aussi les automobilistes à ne plus emprunter seul leur véhicule et permettra de développer le covoiturage.

Sécurité routière
Afin de fluidifier la circulation, multiplier les routes à quatre voies. Réserver la voie de droite aux vieux, la deuxième aux femmes, la troisième à tous les jeunes conducteurs et la quatrième voie, celle de gauche, aux hommes.

C'est la crise !

Pourquoi Éric Ciotti emmène-t-il toujours un emballage de papillote quand il part skier ?
Parce qu'il peut s'en servir comme couverture de survie !

Comment guérir de sa peur du vide ?
En allant dans une station-essence, on aura peur du plein !

Pourquoi les femmes se remettent-elles à rêver d'un prince sur un cheval blanc ?
Parce qu'avec l'augmentation du prix de l'essence, cela pourrait bien arriver…

Quel véhicule est devenu le plus cher à conduire ?
Le caddie de courses…

Marine Le Pen conseille Jordan Bardella :
– Il faut savoir mentir aux Français ! Plus le mensonge est gros, plus ils vous croient. Seriez-vous capable de faire une phrase contenant trois gros mensonges ?
– Oui… « Un gentil arabe part chercher du travail sur son scooter ! »

Qu'apprend-on quand on nous dit que le salaire moyen des Français est de 2 660 euros nets par mois ?
Que nous ne sommes pas Français…

Emmanuel Macron est en visite officielle dans un petit pays d'Afrique. Alors qu'il déambule dans un quartier pauvre, il remarque un enfant qui joue dans la rue, à même le sol.
– À quoi joues-tu, mon garçon ? lui demande-t-il.
– Je joue avec un peu de terre et de merde, lui répond le gamin.
– Ah ? Et que fais-tu avec ?
– Je mélange les deux, je les étale au sol et ensuite, je représente mon pays…
– Ah… Eh bien, fait le président français, je suis content que ce ne soit pas la France que tu façonnes ainsi !
– Oui, répond le gamin, je n'avais pas assez de merde !

L'abus d'alcool est dangereux pour la santé

Un alcoolique reçoit un copain chez lui :
– Bon, je te préviens, chez moi, y a pas de Danette. Alors, on se lève tous pour l'apéro !

Une femme enceinte téléphone en panique à son mari :
– T'es où ?!
– Je suis dans une boîte, je bois un coup avec des potes…
– Le bébé arrive !
– Bah… ça m'étonnerait qu'ils le laissent entrer !

Un gendarme arrête un automobiliste et lui annonce :
– Je ne vous ai pas vu vous arrêter au feu rouge ! Et je suis persuadé que c'est dû à l'alcool…
– C'est possible, vous ne devriez pas boire pendant le travail !

Pourquoi vaut-il mieux être saoul que con ?
Parce que ça dure moins longtemps !

Pourquoi un alcoolique ne se perd-il jamais et trouve-t-il toujours un bar ?
Parce qu'il s'oriente grâce à la mousse…

Un type entre dans un bar et lance :
– Tournée générale ! J'offre un verre à tout le monde ! À vous aussi, barman !
Le barman sert une tournée à la trentaine de personnes présentes et à lui-même. Vingt minutes plus tard, le type lance de nouveau :
– Une autre tournée générale ! À toi aussi, barman !
Le barman sert une autre tournée… Vingt nouvelles minutes plus tard :
– Tournée générale ! À toi aussi, barman !
Ce dernier lui demande alors :
– Vous pouvez me régler les deux premières tournées, s'il vous plaît ? Ça vous fait 240 euros.
– Ah ? Mais… je n'ai pas un seul euro en poche, j'suis complètement fauché !
Le barman saute par-dessus son comptoir et flanque son poing dans la figure du « client ». Le type se relève et balbutie alors :
– Bon, ben… j'offre une tournée générale ! Mais sauf à toi, t'es trop violent…

Dieu & Co.

Le jour de Yom Kippour, une famille juive chôme et jeûne. Alors qu'ils sont en train de prier, un type arrive et les interrompt en leur demandant :
– Il y a du gâteau ?
Les juifs lui répondent :
– C'est Kippour.
Et le type répond :
– C'est pour ouam !

Un boucher décède avec une saucisse à la main… Alors qu'il allait franchir les portes du paradis, saint Pierre le rappelle :
– Hep ! Il est interdit d'amener des objets personnels ! Qu'est-ce que c'est ? demande-t-il au boucher.
– Bah… ça peut toujours servir, si j'ai un petit creux !
Saint Pierre prend la saucisse, la montre à l'intérieur du paradis et demande :
– Est-ce que quelqu'un sait ce que c'est ?
Et Marie répond d'une petite voix :
– S'il n'y avait pas la ficelle, ça ressemblerait beaucoup au Saint-Esprit !

Noms et traits de caractère des papes célèbres :
Le pape Anoelle est descendu du ciel.
Le pape Arasi, premier pape photographié.
Le pape Ete, de la Polynésie française.
Le pape Ibrossard, aime tremper son boudoir.
Le pape Ouille, chatouilleux.

À la question « quel est, selon vous, l'Américain le plus important de tous les temps ? », les Américains ont répondu « Jésus » à 95 %.

Une femme se confesse à un prêtre :
– Il y a quelques années, mon mari et moi ne parvenions pas à avoir un enfant. Vous m'aviez conseillé le car pour Lourdes et, neuf mois plus tard… j'ai accouché d'un magnifique garçon !
– C'est un miracle ! Vous m'en voyez ravi !
– Le problème, poursuit-elle, c'est que nous souhaiterions avoir un autre enfant, mais… ça ne fonctionne toujours pas.
– Eh bien, reprenez le car pour Lourdes ! rétorque le curé.
– Oui, mais… savez-vous si ce sera le même chauffeur ?

Trop blondes

Une journaliste interroge des passants dans la rue et remarque une blonde qui lui tourne autour depuis un moment. Elle lui tend alors le micro et lui demande :
– Bonjour, mademoiselle, qu'avez-vous à dire au micro ?
– Euh… Bonjour, micro.

———

Un homme fait une proposition à sa femme blonde :
– C'est bientôt notre anniversaire de mariage. Pour fêter l'événement, si on essayait la Grèce ?
– Si ça ne te dérange pas, je préfère la Vaseline…

———

– À quoi tu penses ? demande une blonde à son mari.
– Molière…
– Ne t'inquiète pas pour ça, elle sera dure demain !

———

Une brune qui promène son chien croise une blonde avec un chat dans les bras. En la croisant, la brune lui sourit et lui dit :
– Quelle chaleur !
Et la blonde lui répond :
– Quel chienleur !

Une blonde demande à un copain :
– Ça veut dire quoi *shut up* en anglais ?
– « Ta gueule ».
– C'est bon, pas la peine d'être désagréable !

Choquée, une blonde pose son téléphone et se met à pleurer…
– Mais que se passe-t-il ? Pourquoi pleures-tu ? s'inquiète sa copine.
– Je viens de lire un truc horrible ! Je suis traumatisée !
– Oh… Qu'est-ce que c'est ?
– Ça fait des années que je prends des bananes parce que ça nettoie le colon !
– Et ce n'est pas vrai ?
– Si, mais je viens de lire qu'il faut les manger !

Drôles d'animaux

Un matin, un lapin va voir trois jeunes renards et leur lance :

– Hé ! Je vais baiser votre mère !

Choqués, les renardeaux courent raconter cela à leur mère :

– Maman ! Maman ! Y a un lapin qui a dit qu'il allait te baiser !

– Oh ! Ne l'écoutez pas, il raconte n'importe quoi !

Le lendemain, alors que les petits renards s'amusent dans le bois, le lapin se présente face à eux et crie :

– Je vais baiser votre mère !

Aussitôt, les renards retournent le répéter à leur mère. Et tous les jours, le lapin prend l'habitude d'importuner ainsi les renardeaux. Excédée, la maman renard décide de surveiller à distance ses petits et de guetter l'arrivée du lapin… À peine a-t-il pointé son nez qu'il hurle à l'intention des renards : « Je vais baiser votre mère ! » La maman renard bondit de derrière un fourré et se met en chasse du lapin. Celui-ci détale et, poursuivi par la renarde en furie, se réfugie dans son terrier. La mère tente de l'y suivre, mais le terrier étant trop petit, elle se retrouve coincée, ne pouvant plus ni avancer, ni reculer. Le lapin ressort du terrier

par une autre issue, puis rejoint tranquillement l'entrée principale. Il se positionne derrière la renarde coincée et lui dit :
– Bon. Je n'en ai pas très envie mais… j'ai promis aux gosses !

Pourquoi les lapins risquent-ils de vous sauter au cou ?
Parce qu'ils attaquent toujours à la carotide !

Pourquoi les enfants kangourous ne sont pas inquiets lorsqu'ils passent des examens ?
Parce que c'est dans la poche !

Une petite souris à sa maman :
– Si on avait de la chance, on pourrait vivre plus longtemps.
– Ce n'est pas une question de chance, c'est une question de chatte…

Comment appelle-t-on les petits d'une oie ?
Les noisettes.

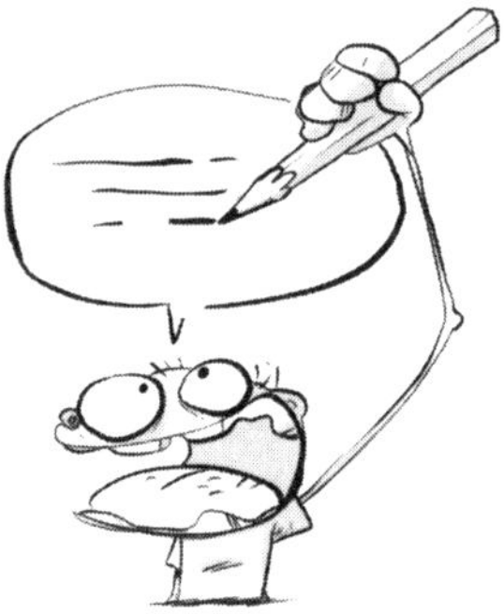

Mèmes que c'est drôle

PETITES ANNONCES

• Vend couches de 6 mois pour bébé neuf.

• Achète tout objet pouvant compléter ma collection.

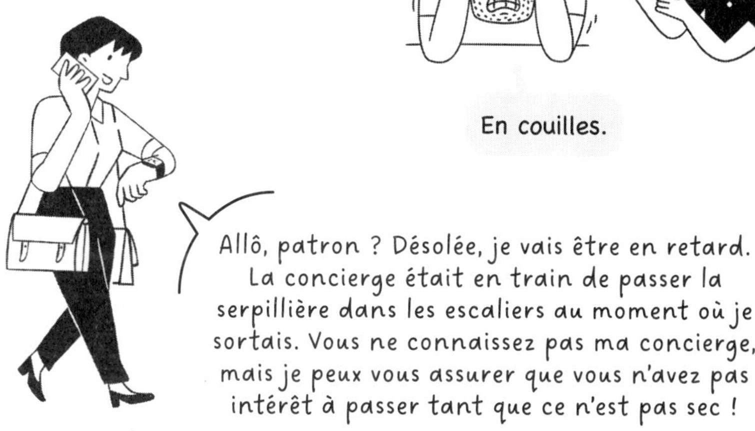

Les copains, les copines

Après s'être perdues de vue, deux amies se retrouvent :
– Alors, as-tu enfin trouvé l'amour ? s'impatiente de savoir la première.
– Non, toujours pas, lui répond l'autre.
– Mais enfin, on peut trouver l'amour à chaque coin de rue !
– Peut-être, mais moi, je dois habiter sur un rond-point…

———

– Tu fais chier, tu es en retard ! se plaint un type à un pote.
– Oh, c'est bon ! Je n'ai que cinq minutes de retard. Tu étais où le jour de la distribution de la patience, toi ?
– J'en avais marre d'attendre, je me suis barré !

———

Un type à un copain :
– Alors, comment s'est terminé ton régime ?
– Par un bide…

———

– Comment va ta vie amoureuse, en ce moment ? demande une fille à une amie.
– Mon couple est une chaussette.
– Une chaussette ?
– Une chaussette orpheline. Je ne cesse de perdre ma moitié…

Un type demande à son copain :
– Pourquoi tu fumes ?
– C'est à cause de ma femme.
– Pourtant, elle est partie ?
– J'ai peur qu'elle revienne !

Une fille vient d'annoncer à une copine sa rupture avec son mec…
– Bah… Dis-toi que les échecs font grandir ! lui dit cette dernière pour la consoler.
– Avec tous mes échecs, je dois bien mesurer quatre mètres !

– Tu crois que je peux plaire à un homme ? demande une femme à une amie.
– Très franchement, la seule chose qui pourrait flasher sur toi, c'est un radar !

Les hommes les femmes

Pourquoi klaxonne-t-on durant les mariages?
Pour prévenir d'un danger imminent...

Un homme se confie à un ami:
Ma femme est folle, elle perd la tête!
Tu plaisantes?
Non, elle parle à un ami imaginaire. Elle l'appelle Médée.
C'est vrai?
Oui! Quoi qu'elle fasse, elle n'arrête pas de dire: «Tu viens Médée?» Mais moi, je ne dis rien, je fais comme si de rien n'était...

Que faire quand on s'aperçoit que l'on ne peut pas faire grandir un homme?
Le rendre à sa mère!

Quel point commun y a-t-il entre parler à une femme et à un policier?
Tout ce que vous dites pourra être utilisé contre vous...

Quel point commun y a-t-il entre un vieux mec célibataire et un paquet de chips nature?
C'est fade, mais on se le tape quand même s'il n'y a rien d'autre...

Pourquoi Netflix est mieux qu'un mec?
Parce que sur Netflix, il y a un bouton «Passer au suivant»!

Quelle différence y a-t-il entre un vieux meuble et son ex?
On peut retaper un vieux meuble, mais surtout pas se retaper son ex!

Une femme rentre chez elle et annonce à son mari:
Oh! là, là, j'te raconte pas ma journée!
Ah! super, merci!

Les questions cons

Est-ce un hasard s'il n'y a pas d'« O » dans le mot « sécheresse » ?

Ceux qui se disent capables de déplacer des montagnes ont-ils déjà ramené une station de ski chez eux ?

Quelqu'un a-t-il déjà rencontré Lurette ? Parce qu'il est possible que l'on nous mente et qu'elle soit hyper moche !

Que faisait celui qui a inventé l'expression « ça rentre comme dans du beurre » ?

J'ai un doute concernant le portable et les bonnes manières… Doit-on le mettre à gauche ou à droite de l'assiette ?

Quelqu'un a-t-il déjà pensé à rendre un vibrant hommage à l'inventeur du sextoy ?

Il paraît que le prix du ticket de métro va encore augmenter… Parle-t-on de la RATP ou des esthéticiennes ?

Si on recherche une vie intelligente extraterrestre, est-ce parce que nous n'en avons pas trouvé sur terre ?

Si on tend bien l'oreille lorsqu'une femme nous fixe sans rien dire… est-ce qu'on entend la musique de *L'Exorciste* ?

Si l'encre de mon stylo fuit, est-ce parce que je lui fais peur ?

Les Barbara se rasent-elles de près tous les matins ?

Pourquoi dit-on avoir des animaux domestiques alors que c'est nous qui sommes leurs domestiques ?

Blagues coquines

Une cougar a invité un jeune homme à dîner au restaurant.
– Que nous conseillez-vous pour le dessert ? demande-t-elle à la serveuse.
– Je propose une crème brûlée à l'ancienne…
– Très bien.
– … et un flan au jeune homme.

Un type raconte la dernière fois qu'il a fait l'amour :
– Je ne sais pas ce qui m'a pris, mais… je lui ai dit « je t'aime » !
– Et qu'est-ce qu'elle t'a répondu ?
– Elle m'a dit : « Que tu m'aimes ou pas, ça ne change rien au tarif, c'est 100 balles ! »

Que faut-il faire après avoir acheté un Kamasutra ?
Prendre rendez-vous chez l'ostéopathe.

Une fille à une copine :
– Allez, raconte-moi cette première nuit avec ton mec ! C'était bien ?
– Il y a eu de l'électricité dans l'air...
– Il a fait des étincelles !
– Pas du tout, ses draps font de l'électricité statique !

———

Melon et Melèche font du bricolage.
Melon place la vis, et Melèche, la rondelle.

———

Un homme demande à sa femme :
– Qu'est-ce que tu veux regarder à la télé, ce soir ?
– Je veux voir *Top Chef* !
– Pfff ! Ça te sert à quoi ? Depuis le temps que tu regardes, tu ne sais toujours pas cuisiner !
– Et toi ! répond sa femme, tu regardes bien des films de cul et tu ne sais toujours pas baiser !

———

Un couple fait l'amour. Soudain, la femme demande à son homme :
– Vas-y, parle-moi mal !
– Malgré qu'ils croivent que j'ai pas allé au contrôle technique pour la voiture, j'ai été ! Elle est en bonne état comme même !

———

La ronde des métiers

Enseignant

Un gars se confie à un ami :

– Je ne supporte pas cette période de rentrée scolaire ! Ça me saoule d'entendre : « J'veux plus y aller... », « Suis trop fatigué », « Les vacances, elles sont trop courtes... »

– Tu m'étonnes !

– Ras-le-bol de leurs pleurs et de leurs jérémiades !

– Ouais ! Mais... je ne savais pas que tu avais des enfants ?

– J'ai pas d'enfants, j'ai des potes qui sont profs !

Gendarme

Un gendarme contrôle une automobiliste blonde :

– Savez-vous pourquoi je vous arrête ?

– Non, monsieur...

– Parce que vous êtes sans ceinture ! L'amende est de 135 euros.

– Oh la la ! Par curiosité, sans culotte, c'est combien ?

Coiffeur

Un chauve pénètre dans un salon de coiffure…

– Que puis-je faire pour vous ? lui demande le coiffeur, étonné par sa présence.

– J'ai perdu mes cheveux, aucun produit n'a fonctionné. Les implants n'ont pas marché non plus. Si je pouvais avoir autant de cheveux que vous, je vous donnerais 10 000 euros !

– Bien, installez-vous dans le fauteuil !

– Vraiment ? Vous pouvez ?

– Bien entendu !

Le client s'installe dans le fauteuil, le coiffeur s'empare de la tondeuse et… se rase les cheveux !

Douanier

Un douanier contrôle un véhicule et découvre de nombreuses cartouches de cigarettes cachées dans le coffre.

– Vous vendez des cigarettes au noir ? demande-t-il alors au conducteur.

– Pourquoi, c'est interdit ?

– Totalement !

– Mais c'est dingue, les Noirs aussi ont le droit de fumer !

Je suis c'est comme

Je suis en foutard. C'est comme en retard, mais je m'en moque totalement !

Je suis pintelligent. C'est comme intelligent, mais seulement après avoir bu une grande bière !

Je me semelle de tout. C'est comme se mêler de tout, mais moi, ce sont les chaussures qui m'intéressent.

Je suis dans un sacré bord d'aile de merle ! C'est comme un bordel de merde, mais là, c'est un piaf qui a éclaté mon pare-brise !

Je ne bois que du carte bleue. C'est comme le Carte Noire, mais en terrasse à Paris...

C'est lundifférence. C'est comme un lundi, mais je m'en fous !

Faut que je balaicouille. Je dois passer le balai, mais j'en ai rien à foutre !

Je rédige une seinthèse. C'est bien une synthèse, mais il n'y a que les nichons qui m'intéressent.

J'ai rencontré l'amour de ma vue. C'est comme l'amour de ma vie, mais ça n'a duré que le temps d'un regard…

Je suis vinsociable. C'est comme sociable, mais seulement quand je bois…

J'aime être prise en mojitionnaire. C'est comme la position du missionnaire, tu es allongée, mais avec un mojito !

Devinettes

Quand fait-on le plus preuve de patience ?
Quand il y a trop de témoins autour de nous…

Qu'est-ce qu'une télé intelligente ?
C'est une télé qui s'éteint toute seule quand Hanouna apparaît à l'écran…

Quelle différence y a-t-il entre un mur et un agent de police ?
Essayez de pisser contre un agent de police…

Quand gagne-t-on le plus d'argent ?
Au mois de février : on touche la même paye, mais il y a moins de jours…

Quelle invention est restée dans les annales ?
Le suppositoire.